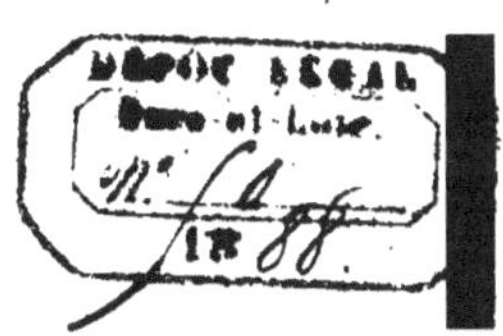

EDMOND DUPONT

1827-1886.

EDMOND DUPONT

1827-1886.

EDMOND-LOUIS DUPONT

Voulant rendre un dernier hommage au père tendre, à l'ami dévoué que nous avons perdu prématurément, nous réunissons en fascicule les discours prononcés le 5 mars 1886, jour de ses obsèques.

Personne, plus qu'Edmond Dupont, n'a droit aux regrets dont sa famille et ses amis honorent sa mémoire, car chez lui la finesse de l'esprit, l'érudition s'alliaient à la plus rare modestie. Il était de ces natures d'élite dont le désintéressement est presque une surprise dans notre siècle.

Frappé d'une maladie dont les progrès lents ne lui laissaient cependant aucun espoir, il a montré une énergie superbe jour par jour, heure par heure, en continuant à faire son devoir, osons le dire, avec une certaine coquetterie. Pendant vingt ans, il a ainsi tenu la mort en respect, mais au prix de quels efforts héroïques ! Broyé par les souffrances de la nuit, il arrivait aux Archives les lèvres souriantes, le regard bon, et là, au milieu des trésors du passé, oubliait ses douleurs afin de se livrer entièrement à sa tâche. Tâche souvent ardue, ingrate, et qu'il aurait pu délaisser, comme tant d'autres, pour se consacrer à ces rénovations du passé qui l'intéressaient et le passionnaient si vivement. Mais, avant tout homme du devoir, il laissait plutôt inachevés ces travaux qui pourtant lui tenaient au cœur, et s'adonnait sans relâche à l'administration des Archives. Apportant aux moindres détails un besoin d'ordre et de perfection qu'il joignait à des goûts d'artiste, — la caractéristique de son esprit, — on peut dire, avec M. Maury, qu'il y était devenu indispensable.

Philologue distingué, il a laissé inachevé un Glossaire de son intéressante publication « *Le Compte de 1415-1416* », qui avait apporté nombre d'éléments nouveaux autant à la science encore nouvelle de la dialectologie française, qu'à l'histoire locale du Boulonnais.

Nous qui avons vécu de sa vie, nous savons mieux que personne quel oubli de lui-même il a constamment pratiqué. Toujours serviable, il avait l'initiative dans le bien. D'une bonté qui n'excluait pas la fermeté, il savait se faire aimer de tous ceux qui l'approchaient, et les captivait par les qualités, le charme de sa personne. Et cette affectueuse bonté ne l'a pas même quitté au dernier moment, quand, frappé d'une congestion pulmonaire et pouvant à peine parler, il articula par deux fois un « Merci bien » inoubliable !

Sa mort a laissé dans sa famille, aussi bien qu'aux Archives, un vide qui demeurera toujours béant.

Nous lui adressons un dernier adieu en le remerciant de nous avoir légué un nom qu'on n'évoquera jamais qu'en pensant au Devoir accompli.

DISCOURS DE M. MAURY

MEMBRE DE L'INSTITUT

DIRECTEUR GÉNÉRAL DES ARCHIVES NATIONALES.

Messieurs,

C'est avec une profonde émotion que je viens adresser un suprème adieu à celui dont la terre reçoit, en ce moment, les restes périssables.

M. Edmond Dupont nous a été enlevé à un âge où l'on peut espérer encore bien des années d'existence: il n'avait pas même touché le seuil de la vieillesse! Il était né le 16 octobre 1827, et, cependant, il était le plus ancien des fonctionnaires des Archives nationales. C'est qu'il y était entré presque au sortir de l'adolescence. Il n'avait que dix-neuf ans quand il fut admis dans ce grand établissement, à titre temporaire. Juste un an après, en octobre 1847, il était nommé surnuméraire. Mais, bien avant de figurer dans le personnel de notre administration, il avait fréquenté le palais Soubise. Ses parents, liés d'amitié avec le savant Daunou, avaient amené à Paris le jeune Edmond et l'avaient présenté à l'illustre vieillard, qui s'était plu à lui donner des encouragements, à le guider dans ces études classiques qu'il avait lui-même cultivées avec tant d'éclat. Edmond Dupont prit peu à peu le goût des documents qui l'entouraient dans la maison de Daunou, dont ses parents étaient devenus les hôtes. Il aima les Archives comme on aime le lieu où l'on a été nourri, la ville où s'est écoulée notre enfance. Il ne séparait pas d'ailleurs l'attachement à notre incomparable Dépôt de celui qu'il portait à son éminent et bienveillant compatriote; Edmond Dupont était, comme Daunou, natif de Boulogne-sur-Mer.

Rien n'est donc plus naturel que, lorsqu'il fut question pour Edmond Dupont de prendre une carrière, son choix se soit tourné vers ces Archives nationales, qui étaient pour lui comme une demeure paternelle. Letronne, le digne successeur de Daunou, l'accueillit avec bonté et lui ouvrit la voie.

Tout promettait dans le jeune archiviste un employé aussi zélé qu'actif. Il se mit à la besogne avec un véritable enthousiasme, et sa curiosité se porta sur les diverses parties du vaste trésor historique au service duquel il s'était voué.

Afin de se mettre en état d'inventorier avec plus de sûreté et d'intelligence les documents qu'il avait sous les yeux, il entra, en 1852, à l'École des chartes, dont il suivit les cours tout en s'acquittant des fonctions qui lui étaient confiées au palais Soubise. Une fois pourvu du diplôme d'archiviste-paléographe, il se donna tout entier à l'établissement qui l'avait adopté. Son zèle, sa patience n'étaient jamais rebutés. Il gravit ainsi tous les échelons de la hiérarchie des archivistes jusqu'au grade le plus rapproché de celui de directeur général. Le 1er juillet 1871, il était nommé chef du Secrétariat et prenait la direction d'une section dont il avait été, pendant plusieurs années, le sous-chef. C'est dans ce poste que je trouvai Edmond Dupont, lorsque je fus appelé, en mai 1868, à la Direction générale. Les fonctions qu'il remplissait le mettaient presque quotidiennement en rapport avec moi. Je ne tardai pas à reconnaître en lui toutes les qualités qui font l'administrateur émérite : la rectitude du jugement, l'esprit d'ordre et de méthode, la suite dans les idées, la persévérance dans l'exécution, l'assiduité dans le travail. Ces qualités maîtresses ont fait d'Edmond Dupont un collaborateur précieux de notre établissement. Il en avait, au plus haut degré, ce qu'on pourrait appeler le génie ; il en fixa dans sa mémoire les traditions ; il s'était fait l'homme indispensable, et il n'épargnait ni son temps, ni sa peine, pour maintenir la régularité du service et le bon fonctionnement de toutes les branches de notre administration. Aussi nul n'était mieux fait pour diriger le Secrétariat, qui imprime l'unité à l'ensemble des services dont notre grand Dépôt se compose, et leur donne la vie extérieure. Aussi nul n'a plus contribué qu'Edmond Dupont à étendre et à activer les relations des Archives nationales avec les divers établissements de l'État, à préparer la création et l'installation de notre beau Musée, à la description duquel il apporta un heureux concours ; nul n'a veillé avec un soin plus jaloux au bon aménagement de nos collections dans les salles du palais Soubise. Son œil d'artiste était blessé de tout ce que pouvait condamner l'élégance et le goût.

Sévère envers lui-même quand il s'agissait de l'accomplissement du devoir, il prêchait d'exemple, et était en droit d'exiger le même zèle et la même assiduité de ses inférieurs. Mais sa fermeté dans la direction du service n'excluait pas la bienveillance. Il se préoccupait des intérêts légitimes de tous ceux qui étaient placés sous ses ordres, quelque modeste, quelque obscure que fût leur position, et il cherchait constamment à concilier le devoir avec le droit.

Tous ceux qui ont pu connaître Edmond Dupont, qui ont été à même d'apprécier ses mérites, lui ont rendu pleine justice, aux Archives comme au dehors, à la Société de l'Histoire de France, dont il fut bien des années le trésorier, comme à la Société de l'École des chartes. Le Ministère tint à lui donner des témoignages publics de sa haute estime et du prix qu'il attachait à sa coopération : il lui conféra successivement la croix de chevalier de la Légion d'honneur et la décoration d'officier de l'Instruction publique.

Placé dans un poste conforme à ses goûts et à ses aptitudes, uni à une épouse dont le dévouement était sans bornes et chez laquelle se rencontrent les dons les plus précieux du cœur et de la raison, entouré de l'affection de deux filles, Edmond Dupont semblait avoir trouvé la félicité ; mais un mal terrible brisa de bonne heure de si belles espérances. Atteint, depuis plus de vingt années, d'une affection nerveuse qui troubla, puis abolit graduellement chez lui la faculté de locomotion, envahi par de cruelles souffrances physiques, tandis que son intelligence demeurait nette et lucide, il assistait à sa déchéance corporelle. Il demandait vainement à tous les remèdes de l'art médical la guérison de son mal, contre lequel il luttait avec énergie. Ses infirmités croissantes et précoces ne purent affaiblir son zèle, l'attachement qu'il avait pour ses chères Archives. Accablé par la souffrance, il s'y traînait encore. Il y est venu jusqu'à la fin. Il s'y faisait transporter quand la paralysie l'atteignait de toutes parts, quand déjà le gagnait le froid de la mort, et se faisait rendre compte, du fond de la voiture dont il ne pouvait descendre, de tout ce qui s'accomplissait dans le service à la tête duquel il demeurait placé.

Messieurs, les Archives nationales ont été terriblement frappées depuis peu d'années. Nous avons perdu de ces hommes rares qui sont toujours prêts à sacrifier leurs intérêts personnels aux obligations que leurs fonctions leur imposent, qui ont préféré à la notoriété que donnent de nombreuses œuvres historiques ou des productions littéraires la conscience d'avoir bien servi l'État et d'avoir été utiles au

public, qui ont mis leurs devoirs professionnels fort au-dessus
des satisfactions égoïstes que nous trouvons dans des travaux
personnels. Citons au premier chef Douët d'Arcq, Jules Tardif.
Le nom d'Edmond Dupont, qui fut leur émule et leur ami, s'as-
sociera désormais au leur. Conservons pieusement le souvenir de ces regrettés serviteurs de notre administration, qui
nous laissent de si admirables modèles. Il arrive parfois,
Messieurs, que s'obscurcit en nous la notion du devoir, que
le découragement s'empare de nous après des travaux arides
qui n'ont pas été, à nos yeux, équitablement appréciés ; que
nous nous sentons enclins à récriminer contre nos supérieurs.
Messieurs, quand il en est ainsi, évoquons ces nobles
mémoires ! En se présentant à notre esprit, elles fortifieront
notre conscience vacillante et raffermiront notre courage
ébranlé.

Cher collègue, qui fus pour moi, pendant près de quinze
ans, le conseiller le plus sûr et l'auxiliaire le plus fidèle, au
nom de tous ceux qui t'ont estimé, c'est-à-dire de tous ceux
qui t'ont connu, je t'adresse un éternel et douloureux adieu.

DISCOURS DE M. ROCQUAIN

DE LA

SOCIÉTÉ DES ANCIENS ÉLÈVES DE L'ÉCOLE DES CHARTES.

Messieurs,

Au nom de la Société de l'École des chartes, je demande
la permission d'ajouter quelques mots au discours que vous

venez d'entendre. Entré dans notre Société en juillet 1853,
un an après sa sortie de l'École, Edmond Dupont fut nommé,
au mois d'avril 1860, membre de la Commission des fonds.
Il porta, dans ces modestes, et parfois délicates fonctions, les
mêmes qualités qu'il montra dans des fonctions plus impor-
tantes, je veux dire la droiture, l'exactitude, et une exem-
plaire assiduité. Jamais il ne manqua aucune de nos séances.
Depuis bien des années, l'état de sa santé l'empêchait d'as-
sister à nos banquets ; mais on le voyait fidèle à nos réunions
mensuelles, fatigué et déjà pâli par la maladie, souriant
néanmoins à ses confrères qu'il avait plaisir à trouver ras-
semblés. Il portait à notre Société un vif et profond attachement. Il eût voulu la voir se développer, devenir à la fois un
centre d'utiles informations pour nos jeunes érudits, un
moyen de discrète assistance pour nos confrères malheureux,
et surtout un lien de solide et mutuelle affection. C'est à ce
titre qu'il demandait que toujours des notices biographiques
fussent consacrées, dans notre recueil, à ceux de nos confrères que nous avions la douleur de perdre. Il souhaitait
aussi que toujours un hommage leur fût rendu, ou, tout au
moins, qu'un souvenir leur fût donné à leur suprême demeure.
Conformément à ses vœux, et au nom de la Société de l'École
des chartes, je lui apporte cet hommage, je lui offre ce souvenir, dû à ses estimables qualités, et j'envoie à notre cher
et regretté confrère un affectueux et dernier adieu.

DISCOURS DE M. GEORGES PICOT

MEMBRE DE L'INSTITUT

PRÉSIDENT DE LA SOCIÉTÉ DE L'HISTOIRE DE FRANCE.

Messieurs,

Je viens, au nom de la Société de l'Histoire de France, rendre un hommage sincère à M. Dupont-Châtelain, membre de notre Conseil depuis vingt-trois ans.

C'était un de ces travailleurs qui font bien tout ce qu'ils entreprennent, parce qu'ils y mettent l'empreinte d'une intelligence très droite, guidée par une scrupuleuse conscience.

Il était venu à nous presque au début de sa carrière, le 1er mars 1852, et, dès 1857 et 1858, il donna à notre Annuaire une « Liste des saints » dressée d'après le *Martyrologe universel*, et résumant en 383 pages, qui contiennent plus de dix mille noms, une somme de travail et de recherches bien propre à attirer l'attention du monde savant. Appréciée à sa vraie valeur par les juges les plus compétents, cette Liste fait encore autorité.

Les goûts de précision qui caractérisaient M. Dupont, sa persévérance, son attachement à tout ce qu'il entreprenait le désignaient pour faire partie du Conseil de la Société. Il y entra en 1863, pour succéder à M. Bouvier dans les triples fonctions de trésorier-archiviste-bibliothécaire, qu'il a conservées depuis cette époque, partageant son cœur entre notre Société et cette vieille demeure du palais Soubise, asile de l'histoire où chacun l'aimait et le respectait. Il s'était assis tout jeune à ce foyer hospitalier ; puis le Secrétariat s'était formé autour de lui, avait grandi, était devenu une section, et M. Dupont avait fini par personnifier en quelque sorte ce service, dont il savait faire les honneurs mieux que personne, possédant à fond l'histoire du grand établissement jusque dans les moindres détails, fier d'en montrer les richesses, de les mettre à la disposition de chacun, mais toujours prêt aussi à prendre sa défense, si quelque attaque le menaçait.

L'hospitalité que les Archives donnent à notre Société nous permettait de voir M. Dupont au milieu de ses chères collections, d'apprécier la force des liens qui l'attachaient à elles si intimement, et nous aussi nous pouvons attester quelle lutte il a soutenue contre le mal pour ne point abandonner ses fonctions un seul instant, pour représenter l'ordre, la règle et le dévouement jusqu'à son dernier jour. Son courage, dans les années d'épreuve, faisait notre admiration. A chaque séance du Conseil, il était le premier au bureau, et restait assis le dernier, comme pour dissimuler les infirmités qui avaient pu atteindre son corps, mais non la tête ni le cœur. Il eut du moins le bonheur de prendre une part active à l'exécution du volume de notre demi-centenaire, et le contingent qu'il y apporta n'a pas été moins remarqué que, jadis, la « Liste des saints » qu'il nous avait offerte pour sa bienvenue.

Sa place est vide aujourd'hui ; mais nous n'avions pas attendu cette première absence, qui donne ici-bas la vraie mesure de l'affection et des services, pour sentir ce que lui devait notre Conseil, et pour exprimer toute la gratitude dont je renouvelle ici le douloureux témoignage.

DISCOURS

PRONONCÉ

AU NOM DE LA SOCIÉTÉ ACADÉMIQUE DE BOULOGNE-SUR-MER[1].

Messieurs,

C'est au nom de la Société académique de Boulogne-sur-Mer, c'est au nom de son délégué, frappé lui aussi d'un deuil subit, que je viens m'associer au deuil de la famille d'Edmond Dupont et lui apporter l'expression de sa sympathie respectueuse.

M. Edmond Dupont était l'un des membres les plus honorés de la Société; car, si nous devons beaucoup à l'érudition de notre regretté compatriote, combien plus encore lui devions-nous pour son obligeante bonté! On n'avait qu'à prononcer le mot de passe si cher à son cœur : *Boulogne;* et aussitôt il accueillait ceux qui venaient du pays comme des amis de longue date, et se mettait à leur entière disposition pour aider ou guider leurs recherches historiques.

Nous sentons profondément l'étendue de la perte que nous faisons à la mort du bienveillant introducteur des Boulonnais dans les secrets du passé.

M. Edmond Dupont a eu le bonheur, — c'est son mot, — de laisser à Boulogne un trésor inestimable pour cette ville : le *Compte de ses recettes et dépenses pour 1415-1416.* Elle lui doit en outre la collection complète des sceaux qui

1. Lu par M. Émile Cère, remplaçant le délégué.

intéressent ses annales; elle lui doit des chartes inédites, des documents précieux, dont la liste serait longue, et elle lui devra encore une suite de notices sur tous les diplômes ou actes Boulonnais conservés aux Archives nationales.

Nos regrets sont bien vifs, et la Société a tenu à en manifester l'expression sur la tombe du cher défunt.

BIBLIOGRAPHIE.

Inventaire de la section du Secrétariat et de la Secrétairerie d'État impériale, dans l'*Inventaire général sommaire des Archives de l'Empire.* Paris, 1867, in-4°.

Notices des documents relatifs à la période constitutionnelle du règne de Louis XVI et au gouvernement républicain (1789-an IV), dans le *Musée des Archives nationales.* Paris, 1872, in-4°.

Lettre à M. le comte Léon de Laborde, sur un recueil inédit de sceaux du Châtelet de Paris, dans la *Revue archéologique,* 1re série, tome IX, p. 541.

Sceaux portant des inscriptions sur la tranche, notice insérée dans la *Revue archéologique,* 1re série, tome X, p. 231.

Catalogues et liste générale des saints, d'après Châtelain et le Martyrologe romain, avec tables alphabétique et géographique, publiés dans l'*Annuaire* et l'*Annuaire-Bulletin de la Société de l'Histoire de France,* années 1857, 1858, 1860 et 1866.

Compte des recettes et dépenses de la ville de Boulogne-sur-Mer en 1415-1416, publié dans les *Mémoires de la Société académique de Boulogne-sur-Mer,* 1882. Un vol. in-8°.

Trois chartes à vignettes, notice publiée dans le volume de *Notices et documents* imprimé en 1884 pour le Cinquantième anniversaire de la fondation de la Société de l'Histoire de France.

Atlas de l'Inventaire des sceaux des Archives nationales (suite de planches photographiques; publication non terminée).

Descriptions et analyses. — Époque du Consulat et de l'Empire (non édité).

Nogent-le-Rotrou, imprimerie DAUPELEY-GOUVERNEUR.